自家製は
エンタメだ。

浜竹睦子

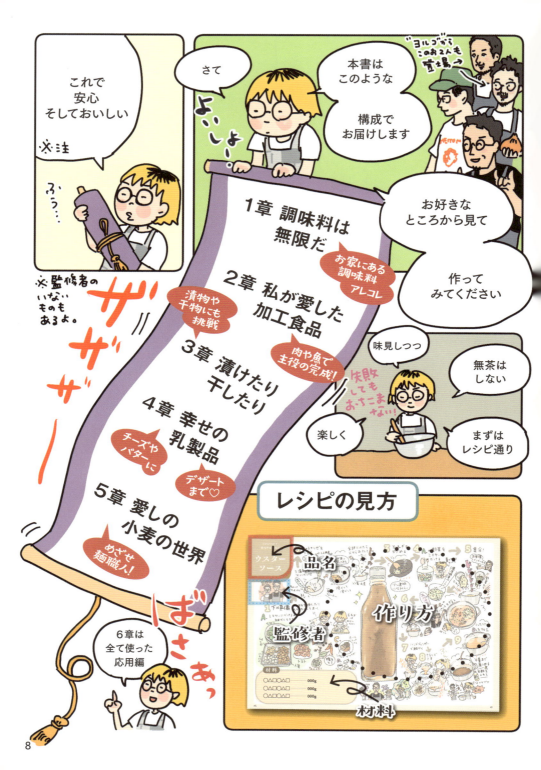

CONTENTS

はじめに …2
季節のカレンダー …16
自家製によく使う道具たち …18

CHAPTER 1
調味料は無限だ

調味料はもう買わない!? …20
マンガ「味噌は、失敗知らず？」 …22
味噌 …24
みそづくりQ&A …26
マンガ「噂の麹が気になります」 …30
麹づくりの現場をのぞいてみよう …32
塩麹／甘麹 …34
柚子胡椒 …36
出汁 …38
白だし／めんつゆ …42
ポン酢／柿酢 …43
塩いろいろ …44
マンガ「ウスターはソースの王様」 …46
ウスターソース …48
ソースあれこれ …50
実録タレは、大体作れる！ …52
マンガ「ドレッシングはLIVEだ！」 …53
ドレッシング …54
トマトソース …56
トマトケチャップ …58
ホールトマト／トマトピューレ …60
マヨネーズ …62

フレンチマスタード／粒マスタード …63
コチュジャン …64
豆板醤／甜麺醤 …66
豆鼓醤／XO醤 …68
オイスターソース …69
ラー油 …70
タバスコ風ソース …71
スイートチリソース …72
ワインビネガー …73
カレールー …74
コラム「塩ってどうやって作るの？」 …78

CHAPTER 2
私が愛した加工食品

今日の主役は君に決めた。 …82
マンガ「とはいえ自家製ってむずかしそう」 …84

ロースハム …86
コンビーフ …88
レバーパテ …90
ポークランチョンミート …91
ウインナーソーセージ …92
マンガ「燻製って、家でもできるの？」 …94
燻製いろいろ／スモークサーモン …96
ベーコン …98
しめ鯖 …100
昆布締め …102

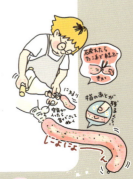

11

イカの塩辛 …104

アンチョビ／ナンプラー …106

いくらの醤油漬け …108

明太子 …110

粕漬けあれこれ …112

オイル煮 …114

マンガ「水煮とオイル煮、どっち？」 …116

水煮 …118

かまぼこ …120

ちくわ …121

さつま揚げ …122

はんぺん …123

こんにゃく …124

大豆はすごい …126

マンガ「家で豆腐を作るのは、超大変？」 …128

木綿豆腐 …130

絹豆腐／ざる豆腐 …132

厚揚げ／湯葉／がんもどき／高野豆腐 …134

納豆 …136

コラム「醤油ってどうやって作るの？」 …137

CHAPTER
3
漬けたり干したり

季節を味わいつくす。 …142

梅干し …144

マンガ「浅漬けとピクルスは、使い分けよ」 …150

浅漬け ⋯152
ピクルス ⋯156
キムチ ⋯158
水キムチ ⋯160
しば漬け ⋯161
ぬか漬け ⋯162
たくあん ⋯164
ガリ／紅しょうが ⋯166
福神漬け ⋯168
べったら漬け ⋯169
マンガ「Let's my 干物」⋯170
一夜干し ⋯172
みりん干し ⋯176
するめ ⋯177
いろいろ干してみた ⋯178
ジュースあれこれ ⋯180
フルーツビネガー ⋯184
クラフトジン ⋯186
クラフトコーラ ⋯188

CHAPTER 4
幸せの乳製品

乳製品に恋してる♡ ⋯190
ヨーグルト ⋯192
バター／発酵バター ⋯193
バターいろいろ ⋯194

モッツァレラチーズ …196
チーズいろいろ …198
サワークリーム …200
マンガ「デザートだってできまっせ」…201
アイスクリーム …202
ジェラート …204
ベシャメルソース …205
マンガ「ハードチーズも家で作れる!?」…206

CHAPTER 5
愛しの小麦の世界

めざせ麺職人！ …210
マンガ「麺ってどうやって作るの？」…212
うどん …216
そば …218
中華麺 …220
生パスタ …222
ニョッキ …226
餃子の皮 …228
ピザ生地 …229
フォカッチャ …230
ナン …231
パン …232
ジャム …234
マンガ「小麦について考える」 …236

CHAPTER 6
めざせ！自家製マスター

自家製は、沼だ。　…240
カフェ気分を味わえます。　…242
鍋であったまりたいときに！　…244
これでおうちが居酒屋！　…246

あとがき　…248
監修者プロフィール　…250

- 大さじ1＝15cc、小さじ1＝5ccです。
- 特に表記のないものは、作りやすい分量になっています。
- 完成イラストの分量と、材料表の分量は異なる場合があります。
- 食べごろや保存日数はあくまで目安です。季節や保管場所によっても変わるため、完成後はできるだけ早く食べきることをおすすめします。
- 食材の旬や季節は、おいしい時期、出回り時期、作りやすい時期などを勘案したうえで記載しているため、あくまでも目安です。
- 保存容器や瓶は、製品の注意書きにしたがって煮沸消毒などしてからご使用ください。

季節のカレンダー

	春			夏		
3月	4月	5月	6月	7月	8月

一夜干し（172p）

（春と秋がベスト）

アンチョビ＆ナンプラー（106p）

豆板醤（66p）

（そら豆の旬が4〜6月）

イチジクビネガー（185p） イチジクジャム（2…

（完熟梅で6月初旬から開始）

梅干し（144p）

梅シロップ（180p）

赤しそジュース（183p）

ガリ・紅しょうが（166p）／ジンジャーシ…

（新しょうがが市場に出回るのは6月〜秋頃まで）

しば漬け（161p）

トマトソース（56p）

トマトケチャップ（58p）

ホールトマト・トマトピューレ

タバスコ風ソース（71p）

柚子胡椒（36p）

夏野菜のピクルス（156p）

（みょうが、なす、きゅうりなど）

16

※該当素材のおいしい時期、出回り時期、作りやすさなどを勘案したうえで記載しているため、あくまで目安です

秋			冬		
9月	10月	11月	12月	1月	2月

いわしの旬は種類による

完熟トマトがベスト

赤唐辛子の旬が7〜10月

青柚子の旬が7〜9月
黄柚子の旬が10〜11月

黄柚子がおすすめ

〜らの醤油漬け (108p)

筋子は9月〜11月中旬

ポン酢 (43p)

レモンシロップ (182p)

りんご酢 (184p)

柿酢 (43p)

干し柿 (179p)

干し芋 (178p)

こんにゃく芋の旬が10〜12月

こんにゃく (124p)

たくあん (164p)

明太子 (110p)

オイスターソース (69p)

しめ鯖 (100p)

冬の1〜2月に仕込むのがおすすめ

味噌 (24p)

いちごビネガー (185p) いちごジャム (234p)

真牡蠣 11月〜2月

17

CHAPTER 1

調味料は無限だ

調味料はもう買わない!?
No need to buy

「調味料は買うもの」だと思っていた私。
でも考えてみれば、もとは各家庭で作られていたものなんですよね。
自家製なら自分好みにできるし、やってみると結構簡単！
オリジナル調味料シリーズです。

出汁
作り方▶38p

マヨネーズ
作り方▶62p

味噌
作り方▶24p

塩麹
作り方▶34p

カレールー
作り方▶74p

柚子胡椒
作り方▶36p

CHAPTER 1
調味料は無限だ

塩麹 Shiokoji
甘麹 Amakoji

CHAPTER 1
調味料は無限だ

柚子胡椒
Yuzukosho

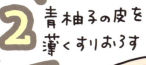

材料
- 青柚子の皮 …… 50g
- 生の青唐辛子 …… 50g （ヘタとタネを除く）
- 塩 …… 20g

36

材料

黄柚子の皮	50g
唐辛子	5g
（ヘタとタネを除く）	
塩	10g

冬の黄柚子
皮も実もフワフワ
ふんわり優しい香りの柚子胡椒
唐辛子はドライ！

黄柚子の皮 : 唐辛子 : 塩
1 : 0.1 : 0.2

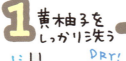

1 黄柚子をしっかり洗う
じゃー DRY! 水気ふく

2 皮を薄くむく
そぎそぎと うすーく
白いワタは苦ーい!!
実は果汁とっとこ
じょぼー

3 皮を細かくみじん切り
ギィーッ

4 赤唐辛子をみじん切り
水で戻そう
ガシ ガシ
ヘタとタネはトル

5 しっかりすり混ぜる
（小さじ1）搾り汁　黄柚子　唐辛子　塩
ゴリゴリ

6 保存容器につめて 1週間

完成

中華と相性良

CHAPTER 1
調味料は無限だ

出汁①

Dashi

CHAPTER 1
調味料は無限だ

出汁②

Dashi

CHAPTER 1
調味料は無限だ

白だし
Shirodashi

材料
- 合わせだし (38p) 500ml
- 酒 50ml
- みりん 100ml
- 塩 大さじ1
- 醤油 大さじ1

めんつゆ
Mentsuyu

材料
- 白だし 大さじ2
- みりん 大さじ1
- 醤油 大さじ1
- 水 100ml

材料

黄柚子の果汁 … 100ml	昆布 … 5g
醤油 … 150ml	かつお節 … 5g

ポン酢
Ponzu

柿酢
Kakisu

材料

柿 … 適量

CHAPTER 1
調味料は無限だ

塩いろいろ

Salt arrangement

CHAPTER 1
調味料は無限だ

ウスターソース
Worcestershire sauce

材料

三温糖 …… 20g	玉ねぎ(みじん切り) …… 200g	水 …… 1ℓ
A にんじん …… 150g	B クローブ …… 3粒	C シナモン …… 1.5g
セロリ …… 50g	ローリエ …… 1枚	ナツメグ …… 2g
セロリの葉っぱ …… 18g	ブラックペッパー …… 3粒	オールスパイス …… 2g
りんご …… 1個	唐辛子 …… 2本	(すべてパウダー)
しょうが …… 20g	D 醤油 …… 20ml	E 米酢 …… 10ml
にんにく …… 20g	塩 …… 30g	
トマト …… 200g	グラニュー糖 …… 13g	

CHAPTER 1
調味料は無限だ

ソースあれこれ
Source

お好みソース

材料
- ウスターソース … 大さじ3
- ケチャップ … 大さじ3
- 砂糖 … 大さじ1
- 片栗粉 … 適量

1 混ぜる！

とろみがほしい
水に溶き片栗粉を加える
お好みでお好み焼きだけに。

オーロラソース

1 混ぜる

材料
- ケチャップ … 大さじ1
- 醤油 … 小さじ2
- ウスターソース … 小さじ2
- 砂糖 … 小さじ2
- 塩、こしょう … 少々

醤油のようにも使える

きんぴら

肉じゃが

牛丼

すげえ

ウスターソースを使い倒す！

KING OF SAUCE
ソースの王様

とんかつソース

材料
ケチャップ	大さじ3
醤油	小さじ2
ウスターソース	小さじ2
砂糖	小さじ2
水	大さじ½

焼きそばソース

材料
ウスターソース	大さじ1と½
醤油	大さじ1
酒	大さじ1
オイスターソース	大さじ1

1 混ぜる！

デミグラスソース風

材料
ウスターソース	大さじ3
ケチャップ	大さじ3
水	150ml
バター	10g

1 混ぜる

サラダや あげもの に合う

1 煮合わせる

バターはしあげ

実録 タレは、大体作れる！

材料

醤油	大さじ3	ごま油	小さじ1
酒	大さじ1	りんご	1/4個
砂糖	大さじ1	にんにく	1かけ
粉唐辛子	大さじ1/2	しょうが	1かけ
白ごま	小さじ1	レモン	適量

1. 焼肉のたれ

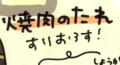

2. おろしのたれ

材料

大根	250g
醤油	100ml
みりん	50ml
酢	50ml
にんにく	少々

ハンバーグにもいい！

3. ごまだれ

材料

白練りごま	大さじ3
白ごま	大さじ1
砂糖	小さじ1
酢	小さじ1
塩	ひとつまみ

しゃぶしゃぶ 冷やし中華 などオールマイティー

4. すき焼のたれ

材料

醤油	100ml
酒	100ml
みりん	100ml
砂糖	30g

CHAPTER 1
調味料は無限だ

ドレッシング

Dressing

CHAPTER 1
調味料は無限だ

トマトケチャップ
Tomato Ketchup

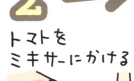

材料

トマト	大5個(約1kg)
玉ねぎ	¼個
にんにく	1かけ
レモン	適量

A
砂糖	大さじ3
塩	大さじ1
ローリエ	2枚
オールスパイス	小さじ1
白こしょう	少々

CHAPTER 1
調味料は無限だ

マヨネーズ

Mayonnaise

材料

卵黄 …… 1個分　　サラダ油 …… ½カップ
酢 …… 大さじ1　　こしょう …… 少々
塩 …… 小さじ⅔

1 黄身、塩、酢を合わせよくまぜる

卵は、黄身だけ使う

カカカカ
もた〜ん

2 サラダ油を少しずつ加え
トロ

3 よくまぜる
カカカカ
ジャー！
クリームがになった
トロ〜

4 こしょうで味をととのえ
ガリガリガリ

完成

ポテサラにしてみ．

●油や酢で工夫するのも楽しいよ
マイマヨライフ

ウフ・マヨネーズ
おまけ
マヨネーズにはちみつ マスタード
なめらかとろっと
MIX
→ 半熟卵にかけると
とこは天国

フレンチマスタード
French mustard

材料
- マスタード(パウダー) …… 大さじ1
- 白ワインビネガー …… 大さじ2
- 塩 …………………………… 小さじ1/3
- 砂糖 ………………………… 少々

1 全ての材料を練り合わせる

完成

粒マスタード
Tsubu mustard

材料
- イエローマスタードシード …… 大さじ2
- ブラウンマスタードシード …… 大さじ1
- 白ワインビネガー …………… 大さじ2
- 塩 …… 小さじ1/3   砂糖 …… 少々

1 粒マスタードを水で戻す

2 全ての材料を練り合わせる

完成

CHAPTER 1
調味料は無限だ

コチュジャン
Gochujang

3 もち米を炊く — お米の炊き方と一緒

4 水を切る — じょい〜 あつ！ ぶし 指でつぶれたらOK! ゆで汁大事！使うよ〜

2 大豆をゆでる — 1時間半 中火 沸いたら弱火 時々、水を足す パカ

1 まずは前日、大豆を流水で洗い じょじょ〜 じゃ〜 1ℓの水に浸して戻す

고추장 韓国の定番調味料 スンドゥブ

要冷蔵 半年くらいもつ

材料

米麹	200g	塩	50g
もち米	1/2合(75g)	粉唐辛子	30g
大豆	50g	大豆のゆで汁	2カップ

64

CHAPTER 1
調味料は無限だ

オイスターソース
Oyster sauce

材料
- 牡蠣 …… 400g
- 玉ねぎ …… 1/2個
- きび砂糖 …… 大さじ2
- 紹興酒 …… 100ml
- 醤油 …… 100ml
- こしょう …… 少々
- 塩 …… 適量

1. 玉ねぎはみじん切り
2. かきに塩をふり、手でもむ
3. 水を加えてさらにもみ、流水で洗う、水気をきる（キッチンペーパー）
4. 玉ねぎを炒める（中火）、きび砂糖を加えて茶色くなるまで
5. かきと、しょう油、紹興酒、水(200ml)、こしょうを煮こむ（中火のまま約20分）
6. ハンドブレンダーにかける

完成

CHAPTER 1
調味料は無限だ

ラー油

Chili oil

> **材料**
>
> | | | | |
> |---|---|---|---|
> | ごま油 | ½カップ | 八角 | 1個 |
> | しょうがの皮 | 1かけ | 粉唐辛子 | 大さじ1 |
> | 長ねぎ(青い部分) | 1本分 | 白ごま | 小さじ1 |

1 白ごまをすりつぶし

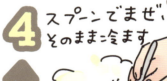

耐熱ボウルに粉唐辛子と合わせる

香川のあるものあう
陳皮
花椒
レモングラス
お好みで

4 スプーンでまぜ、そのまま冷ます

完成

保存瓶に移す
皮・ねぎ・八角は除く

2 フライパンでごま油を熱し

しょうがの皮　長ねぎの青い部分 in

強火
沸いたら
焦げやすい 八角 in
油に香りをうつす
弱火で7〜8分

3 じゅわぁぁぁ

さあ、ここが見せ場

熱々のごま油を耐熱ボウルに注ぐ

危険よー

70

CHAPTER 1
調味料は無限だ

スイートチリソース
Sweet chili sauce

材料
唐辛子	3本	酢	50ml
片栗粉	大さじ1	砂糖	大さじ2
にんにく	1かけ	塩	少々

完成

CHAPTER 1
調味料は無限だ

ワインビネガー
Wine vinegar

材料

赤or白ワイン※ ……… 200ml
酢 ……… 50ml
柿 ……… 1個

※酸化防止剤不使用のもの

CHAPTER 1
調味料は無限だ

カレールー②

Curry roux

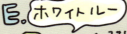

材料	約8人分

A
ラード ……………………… 60g
クローブ（ホール）……… 8粒
カルダモン（ホール）…… 8粒
マスタードシード ………… 5g
クミンシード ……………… 5g

B
すりおろしにんにく …… 30g
すりおろししょうが …… 30g

C
パプリカパウダー ………… 8g
コリアンダーパウダー …… 15g
クミンパウダー …………… 10g
ブラックペッパーパウダー … 4g
カルダモンパウダー ……… 10g
クローブパウダー ………… 4g
塩 …………………………… 12g
トマトピューレ …………… 90g

D
醤油 ……………………… 100ml
ザラメ …………………… 40g

E
無塩バター：小麦粉＝1：1
（分量の0.05倍使用）

Column
塩ってどうやって作るの？

日本食、洋食、中華、どんな料理にでも塩を使う。
美味しい塩さえあれば、ご飯も野菜もお肉も、最高の一品に。アイラブ塩！！
でも、塩ってどうやって作るの？　どうせなら「美味しい塩」を
作っているところを見てみたい。
福岡県の西に位置する糸島半島の突端、
昔ながらのやり方で塩を作る製塩所
「またいちの塩 製塩所工房とったん」を
見学してきました。

1 立体式塩田

海水を汲み上げ、海水は竹をつたって落ち、タンクへ。タンクからまた汲み上げてと循環しながら風と天日に当て、10日ほどかけて海水の塩分濃度を3倍まで濃縮させる

またいちの塩 製塩所「工房とったん」

〒819-1335
福岡県糸島市志摩芥屋3757
営業時間：10：00〜17：00（年末年始は休業）
HP：https://mataichi.info/tottan/

CHAPTER 2
私が愛した加工食品

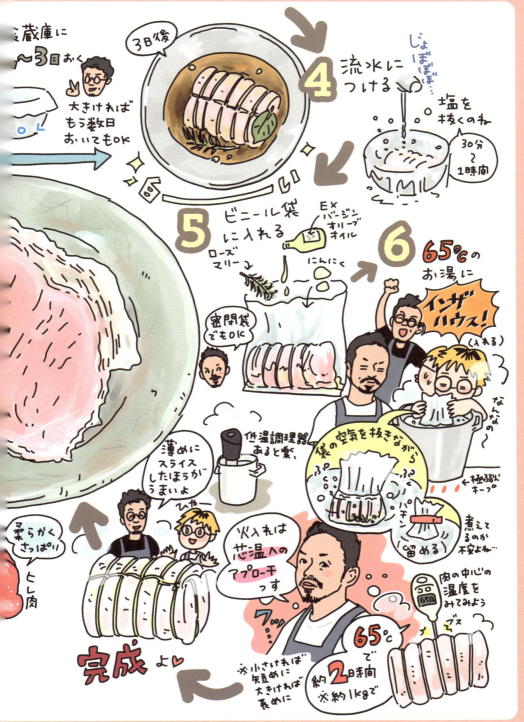

CHAPTER 2
私が愛した加工食品

レバーパテ

Liver paste

材料

鶏レバー	200g	バター	10g
牛乳	適量	オリーブ油	小さじ1
玉ねぎ	½個	白ワイン	50ml
にんにく	1かけ	ローリエ	1枚
		塩、こしょう	少々

1 レバーの下ごしらえ
洗って、筋（白いとこ）血管（赤黒いとこ）をとる 臭みとり
牛乳につけておく in 冷蔵庫 30分以上
水気ふきとる キッチンペーパー

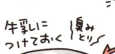

2 玉ねぎ、にんにくを、みじん切り

3 炒める
オリーブオイル、バターを溶かして
弱火
にんにくの香りを立たせたら

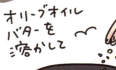

4 玉ねぎとレバーを加え
中火

5 白ワイン、ローリエを加え煮つめる
こしょう
火が通ったら

6 ミキサーにかける

完成
ピンクペッパーをあう

CHAPTER 2
私が愛した加工食品

ポークランチョンミート
Pork luncheon meat

材料
- 豚ひき肉 …… 240g
- にんにく …… 1/2かけ
- 玉ねぎ …… 1/4個
- 片栗粉 …… 大さじ2
- 塩 …… 小さじ1/2
- 黒こしょう …… 少々
- ナツメグ(パウダー) …… 少々

CHAPTER 2
私が愛した加工食品

ウインナーソーセージ
Wiener sausage

材料

塩漬け羊腸	2m
豚ひき肉	300g
牛ひき肉	100g
にんにく	1かけ
塩	小さじ1

スパイス（すべてパウダー）

ナツメグ	小さじ1/4
ブラックペッパー	小さじ1/4
セージ	小さじ1/8

92

CHAPTER 2
私が愛した加工食品

燻製いろいろ
Smoked various

スモークサーモン
Smoked salmon

CHAPTER 2
私が愛した加工食品

昆布締め
Kobujime

材料
お好みの魚	1尾
昆布	2枚
日本酒	少々
塩	適量

CHAPTER 2
私が愛した加工食品

イカの塩辛

Ikanoshiokara

CHAPTER 2
私が愛した加工食品

明太子
Mentaiko

材料

たらこ……400g	<漬け汁>	
	日本酒……1カップ	粉唐辛子……10g
<下漬け>	みりん……大さじ1	醤油……小さじ1
日本酒……1カップ	昆布……5cm角	レモン……適量
塩……15g	かつお節……5g	砂糖……適量

CHAPTER 2
私が愛した加工食品

粕漬け
あれこれ

Kasuzuke

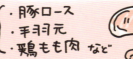

 ・豚ロース ・手羽元 ・鶏もも肉 など

 ・さけ ・さわら ・さば など 切り身

1 肉・魚に塩をふり10分おく

大人の味 注意

小人禁制

・アルコールが含まれる
→ 子ども、お酒弱い人NG
・こげつきやすい
→ 火加減に気をつけて

米白床を作る

1 全ての材料を合わせる → **2** 混ぜる

固いなぁ

ザザー

日本酒追加

ちょっとやわめの味噌くらいに

野菜
・大根 ・かぶ
・きゅうり ・セロリ
・にんじん など

材料

酒粕	500g	砂糖	大さじ5
味噌	50g	塩	小さじ1
酒	50ml		

112

CHAPTER 2
私が愛した加工食品

かまぼこ

Kamaboko

材料

タラの切り身 …… 150g	砂糖 …… 大さじ1
塩 …… 小さじ1	卵白 …… ½個分
みりん …… 大さじ1	昆布出汁 …… 小さじ1
酒 …… 小さじ1	片栗粉 …… 小さじ1

CHAPTER 2
私が愛した加工食品

ちくわ
Chikuwa

材料
- タラの切り身 …… 400g
- 塩 …… 小さじ2
- みりん …… 大さじ1と½
- 酒 …… 小さじ2
- 砂糖 …… 大さじ2
- 卵白 …… 1個分
- 昆布出汁 …… 小さじ2
- 片栗粉 …… 小さじ2

CHAPTER 2
私が愛した加工食品

さつま揚げ
Satsumaage

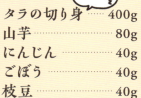

材料 （白身魚ならなんでも可）

タラの切り身	400g	紅しょうが	20g
山芋	80g	片栗粉	大さじ1
にんじん	40g	塩	小さじ1
ごぼう	40g	砂糖	小さじ2
枝豆	40g	サラダ油	底から2cm

家で豆腐を作るのは、超大変？

豆乳に
にがりを
入れたら
豆腐

やってみよ！

……って
アレぇ〜？

油揚げは
豆腐をうすく切って
揚げる

ほほー
簡単！

モ。

どうして
なんですか!?

カチッ…

現実

というわけで
岡山市表町

理想

じゅわっ

昭和58年開業
岡山県民の"お豆腐家さん"
「豆腐処おかべ」に
やってきました

おかべ
さーん

どこで
失敗しました？

家で豆腐
作りねえ

ハイ

責任者
白石省二さん

常務取締役
白石浩範さん

CHAPTER 2
私が愛した加工食品

木綿豆腐
Momen Tofu

材料 2〜3人分

- 大豆 …………… 300g
- にがり ………… 12.5ml(※)
- 水 ……………… 適量

(※) にがりはメーカーよって分量が異なる場合があります

ミツル醤油醸造元
〒819-1601
福岡県糸島市二丈深江3丁目925-2
営業時間：9:00〜18:00（定休日：日曜・祝日、第2・第4土曜）
HP：http://www.mitsuru-shoyu.com/

CHAPTER 3

漬けたり干したり

CHAPTER 3
漬けたり干したり

梅干し②
（赤梅干し）

Umeboshi

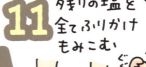

CHAPTER 3
漬けたり干したり

梅干し③

Umeboshi

はちみつ梅干し

材料
- 梅干し …………… 適量
- はちみつ ………… 適量

1 梅干しを水につける
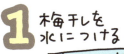

2 火にかけ
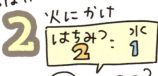

3 あわせて冷蔵庫へ
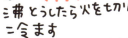

梅昆布茶

材料
- 昆布 ……… 2〜3cm角
- 梅干し ………… 1個
- 塩 ……………… 少々

1 昆布を粉にする

2 湯のみに梅干しを入れ

CHAPTER 3
漬けたり干したり

キムチ

Kimchi

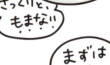

材料

白菜	1/2玉
粗塩	100g

A
にんにく	20g
しょうが	20g
りんご	1/2個

B
小麦粉	15g
水	80ml

C
粉唐辛子	100g
砂糖	70g
アミの塩辛	大さじ1
昆布	10cm角

D
にんじん	お好み
ニラ	お好み

CHAPTER 3
漬けたり干したり

水キムチ

Mizu kimchi

材料

米のとぎ汁※	900ml
りんご	1/2個
にんにく	2かけ
しょうが	1かけ
昆布	3cm角
唐辛子	2〜3本
きゅうり	1本
セロリ	1本
パプリカ	1個
塩	適量

CHAPTER 3
漬けたり干したり

しば漬け
Shibazuke

材料
- きゅうり、なす、みょうが、しょうがなど 計500g
- 塩 小さじ2
- みりん 大さじ1
- 梅酢 600ml
- 青しそ 10枚

1. 野菜を切る（青しそ以外、好きな野菜でやればよい）
2. 切った野菜に塩をまぶす（野菜の重さ×2％＝塩）
3. 重しをして半日おく（in 冷蔵庫）
4. 野菜の水気を切る
5. 梅酢たちを入れる（梅酢、みりん、青しそ）
   ※梅酢がない→赤しそを塩もみしてお酢とあわせる
6. 重しアゲイン（in 冷蔵庫）

2〜3日後 完成

軽くまぜ

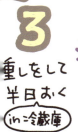

CHAPTER 3
漬けたり干したり

たくあん

Takuan

CHAPTER 3
漬けたり干したり

福神漬け

Fukujinzuke

材料

大根	300g	しょうが	2かけ
にんじん	100g	昆布	3cm角
なす	100g	塩	小さじ2
れんこん	100g	A 醤油	90ml
		砂糖	60g
		酢	大さじ1と½

1 野菜を切る

にんじん・大根 皮ごと 1cm幅 5mm四角
しょうが 皮むいて みじん切り
なす 皮をむき 半分から 1.5mm幅 1cmの四角 水にさらす
れんこん 皮をむく 半分から 1cm幅 2分ゆでる

2 れんこん以外の野菜に塩をまぶす

なすは水気を切ってから
15分おく

3 Aの材料を火にかける

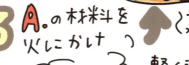

軽く沸とうしたら火を止める
このまま あら熱をとる

4 全ての材料を保存袋に入れ

昆布忘れずに
じょぼぼ〜
れんこんは水気切って

5 1日、冷蔵庫

じ〜

完成

カレーの名脇役

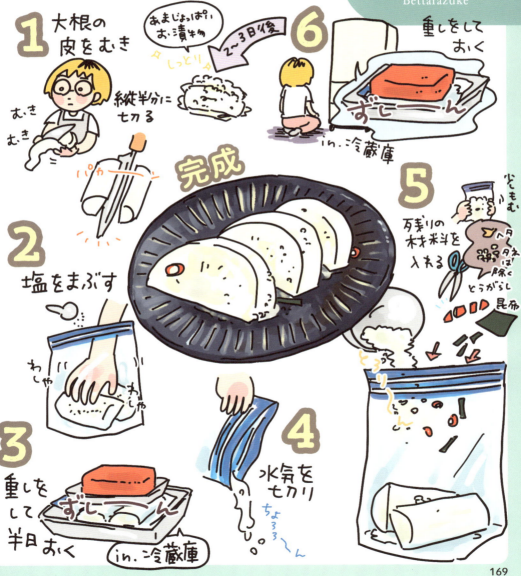

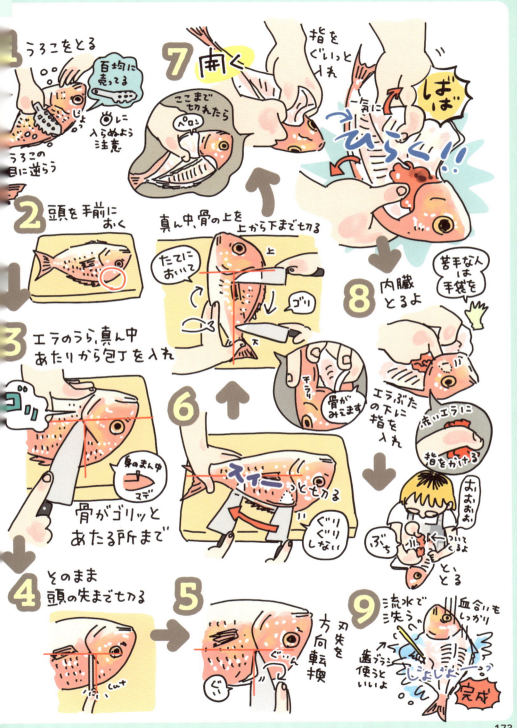

CHAPTER 3
漬けたり干したり

みりん干し

Mirinboshi

材料

お好みの魚	1尾	<つけダレ>	
塩	適量	醤油	大さじ2
水	適量	砂糖	大さじ1
		みりん	少々
ごま	少々		

ひものや　がんきち　吉岡さん

前ページと基本は同じ

完成

6 お好みでごまをふる
パラ パラ

捌き方はP.172へ

塩分濃度 8%

1 立て塩につける

ぴたーーん

15分程度
ちょっと短い！

5 しっかり乾燥させる
計 1日〜1日半

2 つけダレをつくる

3 干す

砂糖をしっかり溶かす
2 1 少々
しょうゆ：砂糖：みりん

表面が乾いたら

つけダレに浸す
た〜

4

3〜4を、3回くり返す

そよ〜

176

CHAPTER 3
漬けたり干したり

いろいろ
干してみた
Hoshimono

干し芋

どんな
さつまいも
でもOKに

1 水から
ゆでる

皮ごと
in

2 冷ます

3 皮をむいて
切る
1cm厚

4 干す
2日から
1週間

完成

なんだって
干してやる!!

太陽は友だちだ!!

切り干し
大根

切って
干す
だけ

2日以上

2日以上

使い方
水で戻して

きんぴら

煮もの

甘みが
増すよ〜

切り干し
人参

かさを
上向きに

ふいて
干すだけ

干し
しいたけ

5日〜
1週間

うら
めちゃ
うま

178

CHAPTER 4

幸せの乳製品

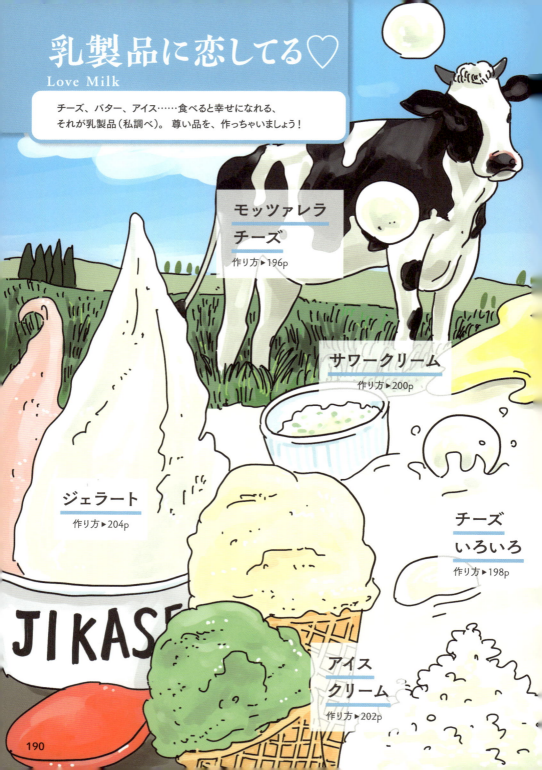

CHAPTER 4
幸せの乳製品

ヨーグルト

Yogurt

材料
牛乳 500ml
プレーンヨーグルト ... 50g

牛乳 10 : ヨーグルト 1 を、混ぜて

40℃ 6時間 温める

ヨーグルトメーカー

基本は簡単

今回は、ヨーグルトメーカーを使わずやる！

実験

1 牛乳を火にかける

厚手の鍋で
沸とうしたら、火を止め 50℃まで冷ます

2 ヨーグルトを入れて混ぜる

やさしく

3 ふたをする

ぱふっ

4 毛布×布でぐるぐるまきに

熱を逃がさない
ほか

完成

5 保存容器にフタして冷蔵庫に

4時間待つ
あったか重たい

ホワワーン

ほかーん
揺ってなくてよし

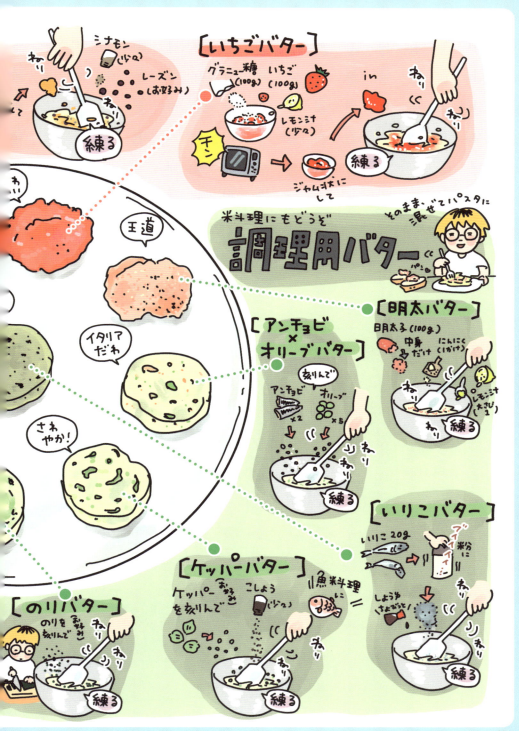

CHAPTER 4
幸せの乳製品

サワークリーム
Sour cream

材料
生クリーム※ ……… 200ml
プレーンヨーグルト
……… 大さじ2〜3

※乳脂肪分35％以上のもの

ヨーグルト 多いとかために…

1 材料をまぜる

2 常温で2日間おく

冷蔵で2週間くらいもつ

完成

簡単すぎた…。

スープにするのもいいよ

カチャカチャ

じーっ

野菜スティック
フライドポテトにも
DIP!!

きいたことあるけど食べたことない
サワークリームオニオン

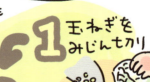

材料
サワークリーム … 100ml
玉ねぎ ……………… 1/8こ
にんにく …………… 1かけ
コンソメ顆粒 … 小さじ1
塩、こしょう …… 各少々
パセリ ……………… 少々

1 玉ねぎをみじん切り

2 混ぜる

完成

ピーピー 電子レンジ1分

にんにくすりおろす

なんかおしゃれな味

デザートだってできまっせ

CHAPTER 4
幸せの乳製品

アイスクリーム
Ice cream

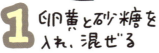

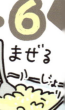

バニラアイス

材料

牛乳	300ml
生クリーム※	100ml
卵黄	3個分
砂糖	70g

※乳脂肪分35％以上のもの

ジェラート

CHAPTER 4
幸せの乳製品

Gelato

材料
- 牛乳 ……… 200ml
- 生クリーム ……… 200ml
- グラニュー糖 ……… 70g

1. 全ての材料を火にかける
2. あら熱をとる
3. 平たい容器に入れ凍らせる（2〜3時間）
4. ミキサーにかける
5. 容器に戻し凍らせる（1〜2時間）
6. まぜる

完成

アレンジ：の時にジャムや果物を加えてみて

アイスより低カロリー〜

まぜながら ふつふつしてきたら火を止める 塩も…

ラップやフタ

CHAPTER
5

愛しの小麦の世界

めざせ麺職人!
Road to Noodle master

麺とひとことでいっても、味わいも個性も様々。
そもそも麺ってなんだろう?
自身の製麺所で麺作りをする傍ら、麺専門ライターとしても
活躍されている山田祐一郎さんに、麺のあれこれ教えてもらいました!

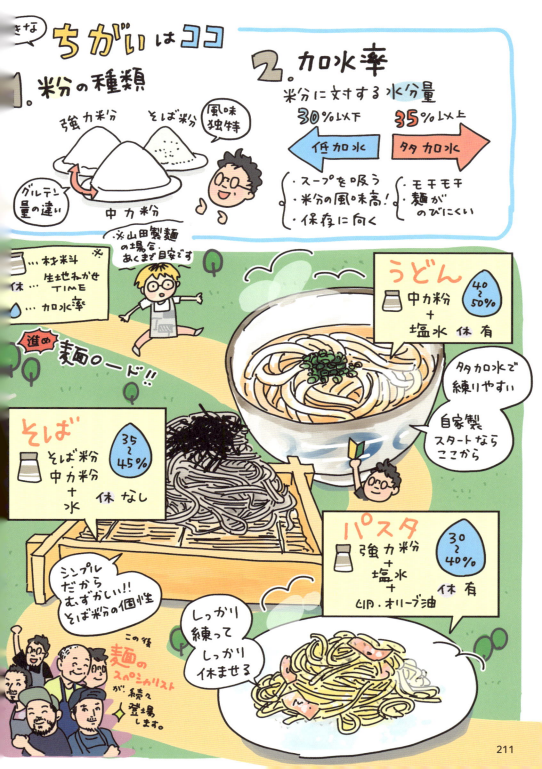

CHAPTER 5
愛しの小麦の世界

うどん

Udon

材料 2〜3人分

- 小麦粉 …………… 300g
- 塩 ………………… 15g
- 水 ………………… 135ml
- 打ち粉（小麦粉）… 適量

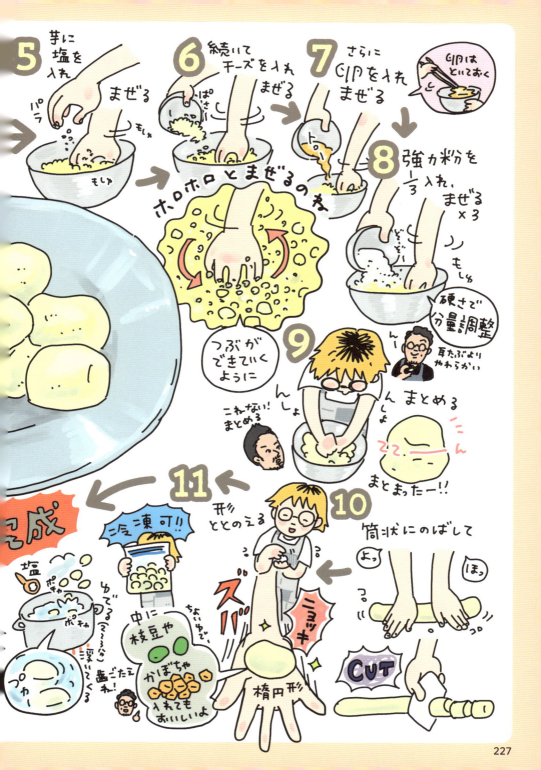

CHAPTER 5
愛しの小麦の世界

餃子の皮
Gyoza skin

材料
- 強力粉　　　　100g
- 薄力粉　　　　100g
- 塩　　　　　　少々
- お湯　　　　　100ml
- 打ち粉（強力粉）適量

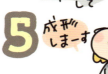

CHAPTER 5
愛しの小麦の世界

ナン

Naan

材料

<粉>
- 強力粉　200g
- 砂糖　大さじ1
- ドライイースト　小さじ1
- 塩　小さじ1/2
- バター　10g
- ぬるま湯　180ml
- 打ち粉(強力粉)　適量

1. 粉の材料を全て入れる
2. バターを溶かし、加え軽くまぜ（ラップなしで20秒）
3. ぬるま湯を加え、指先でくるくるまぜる（肌くらい）
4. まとまってきたら、たたきつけてこねる！ペちーん　ボウルにくっつかなくなるまで
5. イースト菌元気に!!　30分休み（ラップして常温で）
6. 4等分　コロン
7. ぬれ布巾　常温　30分休み
8. 少し打ち粉　長細くのばす
9. 油をひかず焼く　バターぬってね!!　完成!!

CHAPTER 5
愛しの小麦の世界

パン

Bread

材料
〈粉〉
強力粉 　　　　　　　300g
ドライイースト 　　　　1g
塩 　　　　　　　　　5.5g

水 　　　　　　　　　240ml
打ち粉（強力粉） 　　　適量

ジャム

CHAPTER 5
愛しの小麦の世界

Jam

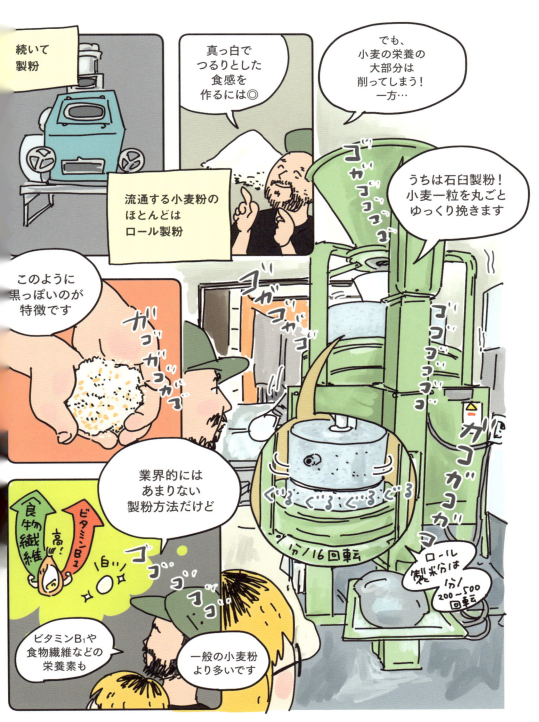

CHAPTER 6

めざせ！自家製マスター

あとがき

2020年4月、私たちは外出が制限されずっと家に居ました。
夫と息子と私の3人、24時間ずっと一緒。
毎日毎日、家で3食、3人でご飯を食べました。

そうだ、3食のうちの1食は遊びにしよう。

うどんを打ち、ソーセージをつくり、寿司を握ってプラレールに乗
せて回転寿司にしたり。
以来、料理は楽しみの一つになりました。

食に対する興味が高まる中、今回の本の依頼をいただきとても嬉し
かったのだけど、食に関してはプロではないので「プロ」に助けて
もらうことになりました。

私がどんな絵描きか知っていて、複数ジャンルの料理を教えてもら
える人がいいと真っ先に相談したのが福岡・ヨルゴの川瀬さん。

川瀬さんの料理の美味しさ、楽しさはもちろん素敵だけど、そのキャ
ラクターも最高です。
今回も、好き放題描きました。いつも受け入れてくれてありがとう。
同スタッフの岡部さんの素晴らしき采配、中村さんの名言の数々に
も感動いたしました。

岡山・名刀味噌本舗の高原さんは、数年前にプライベートで取材したご縁があり、もっともっと知りたいと機会を窺っていたところでした。

福岡は、ヨルゴ、山田製麺、またいちの塩、ミツル醤油醸造元。
岡山は、名刀味噌本舗、一文字うどん、そば切り来輪、豆腐処おかべ、ひものやかんきち。
すべて間違いなく美味しい、魅力的なお店ばかり。私の中での最強です。
この機会で教えていただいたこと、どれも大きな学びとなりました。
ありがとうございます。

そして、鉄オタの鶴巻社長、チーズだけじゃない田中さん、時間までデザインしてしまうデザイナー井上さんなど、濃い社員の揃ったサンクチュアリ出版の編集大川さん、ゆかいな本を企画してくれてありがとう!!
また、川瀬さんと3人でスナックに行きましょうね。

あれこれサポートしてくれた、弘昌、駿太郎にもありがとう。

最後に、ここまで読んでくださった皆様、ありがとうございます。
なにか一つでもつくってみて「楽しい!」と思ってくれたら大成功です。

浜竹　睦子

249

profile

監修者プロフィール

肉・魚・調味料など　▶38〜39p／▶44〜49p／▶53〜55p／▶74〜77p／▶84〜89p／▶94〜103p／
　　　　　　　　　▶116〜119p／▶150〜157p／▶194〜195p／▶222〜227p

川瀬 一馬（かわせ・かずま）
Yorgoオーナーシェフ。株式会社Giving man代表。
1976年神奈川県生まれ。東京でフレンチとイタリアンの経験を積んだ後、フランスに渡って1年間働き、帰国後は和食も学ぶ。2014年、ビストロ「Yorgo（ヨルゴ）」を福岡にオープン、さらに「餃子のラスベガス」、和食店「にるご」も展開。

Yorgo
〒810-0041 福岡県福岡市中央区大名1丁目2-15
営業時間：月〜金 17:00〜24:00（金土日祝は16:00〜）

公式インスタ

味噌・麹　▶22〜35p

高原 隆平（たかはら・りゅうへい）
名刀味噌本舗 代表。
醤油技師だった祖父が麹専門店を創業。その3代目として、地元の原材料と完全無添加にこだわり、麹を使ったユニークな発酵食品や、岡山県在来種の大豆を自分たちで作るなど、伝統を守りながら新しい挑戦にも取り組んでいる。

名刀味噌本舗
〒701-4264 岡山県瀬戸内市長船町土師14-3
営業時間：月〜金 8:00〜16:00／土 8:00〜12:00
定休日：日祝

公式HP

塩　▶78〜80p

平川 秀一（ひらかわ・しゅういち）
新三郎商店株式会社 代表。

1975年福岡県生まれ。料理人時代に塩の大切さを実感し、自ら製塩所を作ることを決意。

2000年、糸島半島の突端に、立体式塩田を建て工房を構え、塩作りをスタート。昔ながらの自然な製法にこだわり、そのおいしさが話題に。海の環境問題にも力を入れて取り組む。

またいちの塩 製塩所 工房とったん
〒819-1335 福岡県糸島市志摩芥屋3757
営業時間：10:00〜17:00（年末年始は休み）

公式HP

醤油　▶137〜140p

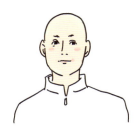

城 慶典（じょう・よしのり）
ミツル醤油醸造元 代表。

1984年福岡県生まれ。高校生の時に自社での醤油醸造の復活を志し東京農業大学 醸造科学科に入学。卒業までに伝統的製法を続けている7つの醤油蔵で修業をし、4代目として実家であるミツル醤油へ入社。2010年、40年ぶりに木桶による自社醸造を復活させる。

ミツル醤油醸造元
〒819-1601 福岡県糸島市二丈深江925-2
営業時間：9:00〜18:00
定休日：日祝／第2・第4土

公式HP

豆腐　▶128〜135p

白石 浩範（しらいし・ひろのり）
株式会社白石商店 常務取締役。

1977年岡山県生まれ。江戸から代々続く家業の油問屋「白石商店」に興味を持ち、東京で経営コンサルタントの勉強をしたのち入社。営業として様々な食品メーカーの商品開発をお手伝いしながら、22年より自社の豆腐ブランド「豆腐処おかべ」の広報も担当。

豆腐処おかべ／食事処おかべ
〒700-0822 岡山県岡山市北区表町1-10-1
営業時間：9:00〜17:30（豆腐処）／11:30〜14:00（食事処）
定休日：日祝（豆腐処）／木日祝（食事処）

公式インスタ

干物 ▶170〜176p

吉岡 倫久（よしおか・とみひさ）
株式会社かん吉 代表。
岡山県生まれ。会社員時代、岡山の干物職人に出会い、おいしさに衝撃を受ける。その職人が高齢で店を畳むと知り、岡山の干物文化を守りたいと干物家に転身。2018年「ひものやかんきち」をオープン。出張ワークショップも開催している。

ひものやかんきち 円山店
〒703-8271 岡山県岡山市中区円山87-17
営業時間：10:00〜18:00
定休日：水日

公式HP

ハードチーズ ▶206〜208p

田中 努（たなか・つとむ）
趣味の週末チーズ職人。
サンクチュアリ出版で社内SEとして勤務。
市販のリコッタチーズのおいしさに衝撃を受け、自作してみたくなりチーズ作りと出会う。1ヶ月もしないうちに興味がハードチーズに移り、翌月には熟成庫としてワインセラーを購入し、この道を進むと決める。道具や製法をアップデートしつつ、月2個のチーズ作りを続ける。
心の師匠はYouTuberでもあるGavin Webber氏。

X：@tsutomu_cheese

X

麺 ▶210〜215p / ▶220〜221p

山田 祐一郎（やまだ・ゆういちろう）
製麺所「山田製麺」代表。ヌードルライター。
1978年福岡県生まれ。2012年からヌードルライターとして本格的に活動を開始。新聞や雑誌などで連載実績多数。著書に「うどんのはなし 福岡」「秘蔵の一杯」。2020年より父が営んでいた製麺所を受け継ぎ「山田製麺」の代表となる。現在はライター業と並行し、製麺にも取り組む。http://ii-kiji.com/

山田製麺（うどん店「こなみ」併設）
〒811-3437 福岡県宗像市久原574-2
営業時間：11:00〜14:30（土11:00〜15:30）　定休日：日月

公式HP

うどん ▶216〜217p / ▶236〜238p

大倉 剛生（おおくら・たけお）
一文字うどん 代表。

1986年岡山県生まれ。大学卒業後、家業の「一文字うどん」に入る。3代目として、父とともに「小麦からのうどん作り」に邁進。自家製粉にもこだわり、石臼製粉機では難しいとされる、もっちりかつ滑らかな食感のうどん作りに成功。セルフうどんのポリシーを大切にしながら地域に根ざした店作りを続けている。

一文字うどん
〒701-4265 岡山県瀬戸内市長船町福岡1588-1
営業時間：10:00〜15:00
定休日：水／第1・3火

公式HP

そば ▶218〜219p

中野 明（なかの・あきら）
そば切り 來輪 店主。

1980年岡山県生まれ。大阪の「そば切り天笑」で修業をした後、2014年「そば切り 來輪」を岡山市内にオープン。2024年岡山県赤磐市に移転しリニューアルオープン。

そば切り 來輪
〒709-0836 岡山県赤磐市下仁保1481
営業時間：11:00〜15:00（なくなり次第閉店）
定休日：木／第4水（不定休有り）

公式インスタ

※営業時間や定休日は、予告なく変更の可能性があります。
最新の情報は各店舗の公式ページをご確認ください。

253

本を読まない人のための出版社
サンクチュアリ出版
sanctuary books　ONE AND ONLY.　BEYOND ALL BORDERS.

サンクチュアリ出版ってどんな出版社？

世の中には、私たちの人生をひっくり返すような、面白いこと、すごい人、ためになる知識が無数に散らばっています。
それらを一つひとつ丁寧に集めながら、本を通じて、みなさんと一緒に学び合いたいと思っています。

最新情報

「新刊」「イベント」「キャンペーン」などの最新情報をお届けします。

X	Facebook	Instagram	メルマガ
@sanctuarybook	https://www.facebook.com/sanctuarybooks	sanctuary_books	ml@sanctuarybooks.jp に空メール

ほんよま

単純に「すごい！」「面白い！」ヒト・モノ・コトを発信するWEBマガジン。

sanctuarybooks.jp/webmag/

スナックサンクチュアリ

飲食代無料、超コミュニティ重視のスナックです。
月100円で支援してみませんか？

sanctuarybooks.jp/snack/

クラブ S

サンクチュアリ出版の
公式ファンクラブです。

sanctuarybooks.jp
/clubs/

サンクチュアリ出版
YouTube
チャンネル

出版社が選んだ
「大人の教養」が
身につくチャンネルです。

"サンクチュアリ出版
チャンネル" で検索

おすすめ選書サービス

あなたの
お好みに合いそうな
「他社の本」を無料で
紹介しています。

sanctuarybooks.jp
/rbook/

サンクチュアリ出版
公式 note

どんな思いで本を作り、
届けているか、
正直に打ち明けています。

https://note.com/
sanctuarybooks

人生を変える授業オンライン

各方面の
「今が旬のすごい人」
のセミナーを自宅で
いつでも視聴できます。

sanctuarybooks.jp
/event_doga_shop/

自家製はエンタメだ。

2025 年 3 月 15 日 初版発行
2025 年 4 月 21 日 第 2 刷発行（累計 1 万 2 千部）

著者　浜竹睦子

デザイン　井上新八
DTP　株式会社 ローヤル企画

営業　鈴木愛望
広報　南澤香織
制作　成田夕子
編集　大川美帆

発行者　鶴巻謙介
発行所　サンクチュアリ出版
〒 113-0023 東京都文京区向丘 2-14-9
TEL:03-5834-2507 FAX:03-5834-2508
https://www.sanctuarybooks.jp/
info@sanctuarybooks.jp

印刷・製本　株式会社シナノパブリッシングプレス

©Mutsuko Hamatake , 2025 PRINTED IN JAPAN

※本書の内容を無断で、複写・複製・転載・データ配信することを禁じます。
※定価及び ISBN コードはカバーに記載してあります。
※落丁本・乱丁本は送料弊社負担にてお取替えいたします。レシート等の購入控えをご用意の上、
弊社までお電話もしくはメールにてご連絡いただけましたら、書籍の交換方法についてご案内いた
します。ただし、古本として購入等したものについては交換に応じられません。